질라래비훨훨

국립중앙도서관 출판시도서목록(CIP)

질라래비훨훨 / 지은이: 윤금초. -- 양평군 : 시인생각, 2013
  p. ;   cm. -- (한국대표명시선100)

ISBN 978-89-98047-59-7 03810 : ₩6000

"윤금초 연보" 수록
한국 현대시조[韓國 現代詩調]

811.36-KDC5
895.715-DDC21   CIP2013011867

한국대표
명시선
100

윤금초

질라래비훨훨

시인생각

■ 시인의 말

 몇 해 전 나는 시집 첫 머리에 관형사처럼 얹은 '시인의 말'에서 이런 얘기를 한 적이 있다.
 <…간밤에 내 '귀'는 한 뼘 가웃 남짓 자라 있었다. 차분한 아프리카코끼리 귀보다는 조금 작고, 흥분한 인도코끼리 귀보다는 얼마쯤 더 커 보이는 '귀'. 달팽이 눈처럼 숨어버리기 일쑤인 그 '귀'를 통해 나는 세상과 소통의 창문을 열게 되었다. 바람 소리, 수풀 속 풀벌레 소리를 엿듣기도 하고, 이따금 저잣거리 속애俗埃의 발자국 소리를 귀여겨들으며 시마詩魔에 홀리기도 한 것이다. …한 뼘 가웃 남짓 자라난 내 '귀'가 달팽이 눈처럼 고대 숨어버리거나 잦아들지 말고 줄곧 열려 있기를 바란다. 하지만 몸이 당최 만연체여서 군말이나 부둥켜안고 버르적거린 것은 아닌 건지, 와락 두려움이 앞선다. 달궈진 화덕 속에 뒤집지 않은 전병煎餅처럼 한쪽은 시커멓게 타고, 한쪽은 설익은 채 남는 인간의 이중성. 관행의 늪에, 세속의 늪에 빠져 허우적거리는 나약한 글쓰기는 저만큼 밀쳐두고 21세기 문법과 언어를 길들이며 '뒤집지 않은 전병'의 이중성을 멋있게 극복할 수 있기를 희망하고, 또 희망한다.> 이 말은 아직도 그 유효기간이 지나지 않은, 현재 진행형임을 고백한다.

문학의 궁극적인 목표는 인간구원이라고 생각한다. 문학이 결코 인간의 삶과 그가 숨 쉬고 있는 사회와 완전히 동떨어진 존재가 아님을 부정할 사람은 아무도 없을 것이다. 그렇다면 현대 정형시도 서정성과 사회성을 잘 조화시켜, 양자가 행복한 악수를 나눌 때 비로소 보편적 공감대를 얻게 되고, 새로운 활로가 트일 것이라고 확신하는 사람이다.

  '솜뭉치로 머리를 깬다.'는 속담이 있다. 근자에 발표되는 일부 정형시는 주제가 제대로 소화되지 못한 채 생경하게 겉도는, 까슬까슬한 실밥 같은 것을 발견하게 된다. 소화불량의 주제는 결국 백화점식 언어의 나열, 부자연의 극치인 오버 액션, 우편엽서 같은 풍광 묘사, 과장되어 겉도는 배경 묘사 등 다분히 즉물적인 목록들을 드러내고 있다. 우리가 너무나 많이 들어 익숙한 '사회적 징후들'을 아무 여과장치 없이 직설적으로 드러내는데 큰 비중을 할애하고 있는 '실패한 은유들'인 것이다.

  풍자시조가 설 자리가 어디인가? 현실 그 자체를 그대로 드러내기보다는 그것을 빗대어서 시적 공간 속에 재구성하고, 이를 통해 시 문맥의 바깥 - 일상의 공간 속에서와는 다른 체험이나 각성이나 정서적 울림을 안길 수 있어야 한다고 믿고 있다. 무릇 시란 현실을 끌어안되 그 현실을 날것으로 드러내지 않고, 그것을 발효시켜 새로운 그 무엇으로 승화시켜야 하는 것이다. '솜뭉치로 머리를 깬다.'는 속담을 다시 음미해볼 필요가 있다고 생각한다. 대저 시학詩學의 진수는 어디서 오는 것일까. 이런 명제를 놓고 늘 고민해오고 있다.

  나는 여기서 '뼈다귀의 포엠'과 '껍데기의 포엠'을 얘기하지 않을 수 없다. 무슨 목적의식에 너무 치중하게 되면 시에다 담을 이른바 사상이란 것을 미리 설정해놓고 거기에다 격에 맞지 않는 미사여구를 입혀 놓은 것이 정형시라고 착각하기 때문에 '뼈다귀의 포엠'이라는 죽은 시를 생산하게 되는 것이다. 반대로 '껍데기의 포엠'은 표현 형식에만 치중한 나머지 감동적인 내용을 담아내지 못한 시를 말한다. 내용과 형식은 서로 떼어놓을 수 없는 것이므로 둘 다 좋은 시의 요건과는 거리가 먼 것이다.

  '격화파양隔靴爬癢'이라는 말이 있다. 신을 신고 발바닥을 긁는다는 뜻이다. 신발을 신은 채 가려운 데를 긁은들 성에 찰 리 만무하겠고, 시원한 카타르시스를 느낄 수 없을 것이다. 이 말을 비틀어서 해석하면 감동 없는 글이 어찌 독자를 울릴 수 있겠느냐 라는 의미로 에둘러 생각할 수 있다. 다시 얘기하면 머리는 차갑고(이지적), 가슴은 뜨거운(감동적) 시를 기대하기란 지난한 것이다.

　'맺고 푸는 시가 형식'인 시조가 다양성과 복잡성이 공존하는 현대사회의 징후들을 무리 없이 소화해내기 위해서는 우아미만을 추구하는 보수 온건주의나 낡고 고루한 고전적 형식주의에서 과감하게 벗어나야 한다고 생각한다. 근대화의 충격과 더불어 수많은 전통이 사라지거나 파괴되었다는 사실은 누구나 아는 바이다. 그러므로 우리 전통 정서와 오늘의 감각을 조화롭게 아우르면서 평시조, 엇시조, 양장시조, 사설시조와 함께 혼합연형 형태인 '옴니버스시조'라는 새로운 형식 실험을 통해 현대 정형시의 지평 확대를 모색해야 할 것이다. 옴니버스시조는 평시조의 단조롭고 틀에 박힌 가락을 한 단계 뛰어넘어 스케일이 웅장한 서술구조敍述構造의 시조를 시도할 수 있는 형식 장치라고 믿기 때문이다. 어느 학자의 지적처럼 사설시조 형식 구조의 특성은 '정형 속의 가변성'에 있으며 '형상의 연쇄적 병치를 통해 말을 확장해가는 엮음의 재미'와 '말 부림의 재미'에 그 맛이 있다고 할 것이다. 변화와 형식 실험을 통해 새로운 시조 미학의 지형을 만들어내고자 하는 나는 평시조와 사설시조, 옴니버스시조를 불문하고 여러 빛깔의 언어 풍경을 어루만지면서 제약이나 구속이 아닌 변화와 가능성의 공간으로 시조를 재인식하고자 한다.

나는 문득 '홍어 삼합'의 미학을 떠올린다. 서로 어울리지 않을 것 같은 이미지와 이미지를 멋들어지게 버무려 기막힌 어울림을 연출하는 '홍어 삼합'의 경지. 강한 충돌 끝에 화해를 이루는 아이러니한 음식 맛의 한 극치가 '홍어 삼합'이 아닌가 싶다. 홍어 삼합은 세계적으로도 그 유례를 찾아볼 수 없는 시조문학처럼 강한 맛이 세차게 충돌하여 깊은 맛을 자아내는 묘한 미학을 지닌 우리 토속 음식이다.

이렇듯 강한 맛이 세차게 충돌하여 깊은 맛을 자아내는 묘한 미학을 창출하는 음식 같은 시조를 꿈꾸고 싶다. 따로 떼어내면 별 의미 없는 이미지들이지만 제 짝을 찾아 서로 어울리지 않을 것 같은 재료들이 어우러져 기막힌 어울림을 연출하는 그런 시조를 꿈꾼다. 부조화, 비루함, 추함까지를 포괄하는 반미학反美學의 미학화美學化를 말이다. 오래된 것과 새로운 것이 뒤섞여 어쿠스틱acoustic한 음색과 일렉트로닉electronic한 음색, 발랄한 감성과 비판적 시각이 한데 뒤섞여 서로 하모니를 이루는 시조를 희망한다. 그러므로 나는 우아미를 모색한 일련의 작품도 물론 추구하지만 동전의 뒷면 같은 비루함, 추함 – 즉 미추美醜를 포괄하는 작품을 시도한 바 있다. 시의 덕목 가운데 중요한 요소의 하나가 바로 골계미滑稽美라고 생각한다. 남도의 찰진 언어로 '반미학의 미학화' 같은 골계미도 추구하면서 파란破卵·역사易思·창출創出의 정형시를 모색하고자 한다. 알에서 깨어나 기존의 관념과 틀을 벗어버리고破卵, 사물을 거꾸로 보고 뒤집어서 생각해 보는 발상의 전환으로易地思之, 우리 시대에 걸맞은 새로운 가치 창출創出을 모색하고자 하는 것이다.

2013년 6월 30일
윤 금 초

■ 차 례 ──────────── 질라래비훨훨

시인의 말

1

난전亂廛　17

춘투春鬪　18

떨켜　20

간찰簡札　21

무슨 말 꿍쳐두었니?　22

검은등뻐꾸기 세상 끝을 울리네　23

이순의 산　24

강 보메 예서 살지　25

명적鳴鏑　26

아직은 보리누름 아니 오고　27

뜬금없는 소리 2　28

한국대표명시선100 윤금초

2

능소야, 능소　31
토란잎 물방울 마을의 아침　32
슬픈 틀니　34
할미새야, 할미새야　36
해우소解憂所　37
상황과 인식 2 —피카소의 '납골당'　38
대치對峙와 현상학 —로댕의 '칼레의 시민'　40
꽃의 변증법 1　41
엘니뇨, 엘니뇨　42
해남 나들이　43
뜬금없는 소리 3　44

3

천일염　47

중원, 시간 여행　48

가는 세월　49

해거름 바다 행전行傳　50

진창　51

산은 막막 비어 있었지　52

질라래비훨훨　53

백악기 기행 —우항리
　　공룡 발자국 화석에 관한 단상　54

땅끝　56

주몽의 하늘　58

아침 식탁　60

4

그날의 추상　63
빗살무늬 바람　64
인터넷 유머 1 —IMF, 정축국치　65
다비문茶毘文　66
안부 —어느 싸움터인가, 내 아우여　68
꽃의 변증법 2　69
두 주정뱅이　70
탐색 1　71
백련꽃 사설　72
대흥사 속 빈 느티나무는　73
말　74

5
그해 겨울 칸타빌레　79
으악!　80
뾰루지　81
벽오동 그림자　82
어떤 예감　83
뜬금없는 소리 8　84
이어도 사나, 이어도 사나　85
개펄　88
사물놀이　90
뜬금없는 소리 10　92
지노귀새남 —우리네 진혼무가　93

윤금초 연보　97

1

난전亂廛

무르녹은 아편꽃물 온몸 물집이 생기고

귓불 간지럼 태우는 날벌레 날갯짓 잦다.

코 째는, 아으! 코 째는, 꽃의 난전 이 봄날.

춘투春鬪

　　1

겨우내
양지바른 쪽
배돌던 무명씨같이,

갈래머리 여고생의
발화發話하는 입매같이,

울금빛
궐기蹶起를 한다.
온 산천이 꿈틀댄다.

　　2

무릎베개 괴어주던
마른 그
억새풀 사이

우리 살의 생땅 냄새
흠 흠 맡는 민들레야.

척하니,
육탈하는 꽃받침
징소리로 쏟아진다.

떨켜

쪽잠 든 겨울 산의 각질角質이 들떠 오르고
봄빛 감고 누룩 딛는 그 황홀 가눌 길 없네,
이내 몸 겨드랑이에 열꽃 피는 가려움을.

이승 반 저승 반쯤 산이 졸다 눈 뜨는 기미
엿기름물 흥건히 괸 신생新生의 아침을 물고
겨워서 울먹 울먹이다, 숨 고르는 나의 떨켜!

간찰簡札

작자 미상 옛 사인士人의 간찰 한 장 마주한다.
물 흐르듯 꿈틀거리듯 숨 쉬는 반흘림 수적手迹
먼 왕조 훙훙한 물결이 옥판지에 배어 있다.

칼을 물고 누웠던가, 어둠 그 먹피를 입고
지는 꽃 뒷등처럼이나 적막한 글발 위에
한 시대 협기가 어려 섬뜩섬뜩 다가온다.

먹물도 세월밥 들면 누룽지가 앉는 건지
귀 닳은 화선지의 삭은 결이 들떠 오르고…
더러는 천년 사직이 쩍쩍 그만 균열 졌을까.

물살 드높던 소용돌이 손 짚어 더듬는다.
살 떨리는 어질머리, 헛헛한 변방의 시간을
궐문 밖 멈칫 멈칫거리다 떠나가는 증언 같은.

무슨 말 꿍쳐두었니?

산은 그예 묵상에 잠겨 뿌연 안개 걷어낸다.
다리품 그리 팔고 가풀막 오른 질경이야
누군들, 겨울에 언 빵을 씹어 보지 않았을까.*

잔 강물 물비늘이 반짝인다, 은어 떼로
가진 것 다 내주고 넉넉한 잎새 질경이야,
무슨 말 꿍쳐두었니? 눈빛 형형한 질경이야.

마른 풀 나지막이 숨죽여 서걱거린다.
어지러워 어지러워라, 쓸쓸한 세상 뒤꼍에
강물이 먹구렁이처럼 먼 산모롱이 굴려간다.

*) 이외수 소설 「칼」에서 인용.

검은등뻐꾸기 세상 끝을 울리네

이젠 대팻밥 같은 구름 몇 장 남아있다.
바람은 능숙한 목수, 구름 허리 대패질하고
경쇠도 잠재운 노을이 대웅전을 금칠한다.

돌아가라 돌아가라, 울부짖는 동박새야.
동백 숲 으늑한 길 부도 밭에 접어들면
거북이, 물고기, 게가 서방정토 밀고 가네.

세월 밥 천년 먹으면 땅끝 바다도 귀 여는지.
홀딱 벗고 홀딱 벗고, **빡빡** 깎고 **빡빡** 깎고,
무심한 검은등뻐꾸기 세상 끝을 울리네.

미황사 어스름은 눈이 시린 푸른빛이다.
올려 보나 내려보나 눈물 묻은 푸른 이내
파도에 발목 적시는 가을은 다시 돌아오고.

이순의 산

 따귀 빼고 아귀 빼고 바를 게 더는 없는 이생인가, 이생인가.

 어둠의 시간은 짧고 빛의 시간은 길다. 평생토록 품어 안을 산이 내게 있었을까? 이순耳順을 접고 나면 귀신 화상도 뵌다는데 둘러봐도 안개 깊은 비루 오른 세간에서 그것 참, 그것 참, 하루를 천년처럼 가다 앉아 보리싹 만나 숨결소리 짚어보고, 가다 앉아 뻘기꽃 만나 필담筆談을 나누고 싶은 하늘색 일요일엔 한 조각 꽃잎 져도 봄빛 스릇 줄어든다.*
줄어드는 봄빛일랑 물고 뜯는 바람의 잇자국을, 그 바람 잇자국의 팍팍한 속울음도 못다 퍼낸 앉은뱅이꽃 무릎베개 괴어주는,

 어느덧 나이 든 산이 오늘 저리 돌올하다.

 *) 두보의 시 차용.

강 보메예서 살지

　민물 짠물 나들목에 그예 그리 사는 게지.
　뭐하고 살긴 살아, 강 보메예서 살지. 우린 아직 강을 몰라, 힘겨워도 내색 않는 그 강을 아직 몰라. 주는 대로 받고 살 수밖에. 어느 몇몇 애비 없는 후레자식들이 달려들어 퍼낸다고 마를 강물인감?* 실개천이 보태주는 뒷심 모아 예까지 흘러온 게지. 민물 반 짜븐 물 반 섬진강 하구 모래톱에 버글대는 갱조개**, 눈물샘 툭 툭 건드리는 거랭***으로 하모, 하모, 강바닥 쓰윽 훑어내면 갱조개가 깨알 맹키 쏟아졌제. 요샌 옛날 같지 않어, 갱조개가 통 읎어. 눈만 번하면 중국산이 억수로 굴러댕기는데, 중국산 재첩 주면 강아지도 고개를 이냥 돌려버려. 그나저나 어쩌겠어. 폭폭한 세월 다독이며, 다독이며 그러구러 꾸역꾸역 사는 게지.
　사는 기 뭐 별 거 있간디. 그예 그리 사는 게지.

　　*) 섬진강 시인 김용택의 시구 인용.
　**) 재첩의 하동 지방 탯말.
　***) 대막대기에다 갈퀴를 단 것처럼 생긴 기구로 강바닥을 훑어 재첩을 채취한다. 강신재의 '섬진강 재첩마을 이야기' 일부 패러디.

명적鳴鏑

꿈결엔 듯
소스라치다
자리끼를 드는 순간
삼천 대천 미물들이
돈오돈수頓悟頓修 깨어나고
부르르
우는살 소리,
명치끝을 내리친다.

앉으나 서나
살 떨리는
화통지옥 이생에서
한 시대 과녁을 겨눈
시위 떠난 불의 화살
부르르
우는살 소리,
적멸 천리 문을 친다.

아직은 보리누름 아니 오고

아서 아서, 꽃샘잎샘 지나 보리누름 아니 오고

저녁 에울 고구마를 옹솥에 안쳐 두고 풋보리 풋바심을 찧고 말려 가루 내어 죽 쑤어 먹을 때까지 산나물 들나물 먹으나 굶으나 쉬지 않고 주전거려도 만날 입이 구쁘고, 발등어리가 천상 두꺼비 등짝 같고, 손도 여물 주걱마냥 컸던 아부지, 울 아부지. 참나무 마들가리 거칠어 보이는 손가락으로 올올이 애정이 무늬진 명주필 사려내고, 목비녀 삐딱하게 꽂힌 솔방울만한 낭자에선 물렛가락이 뽑아낸 무명실 토리가 희끗거리던 엄마, 울 엄마가 삶아 낸

밀개떡, 그날 그 밀개떡이 달처럼만 오달졌지.

뜬금없는 소리 2

천둥이 번개 되고 번개가 벼락 되지.

도구통 들여다보면 무거리 같은 귀신, 떡시루 들여다보면 시룻번 같은 귀신, 잔칫상 들여다보면 찰떡 밑에 메떡 같은 귀신, 쓰고 남은 잔돈 부스러기마냥 몽땅 저질이고 시답잖고 폭폭한 속 찍자나 붙는 것 뿐, 그런 귀신 모이면 장난판이 난장판 되고 난장판이 야바위판 되지. 산적 떼나 비적 떼나 불한당 떼나 파당 파쟁 패거리 우두머리 다 나와서 차포마상車包馬象 벌여 앉아, 술꾼 춤꾼 계꾼에다 선거꾼 낚시꾼 거간꾼 노름꾼에 개평꾼 난봉꾼 말썽꾼 도굴꾼 사냥꾼에다 빚쟁이 허풍쟁이 화류쟁이 바람잡이 넌덕을 떨고, 개나 걸이나 갯물 민물 없이 함께 후덩거리다 감투거리 빗장거리 낯거리 밴대질도 배우고, 자발없는 철부지 잡도리하드키 재우치고 다그치고 되곱치고 엉너리치고 능갈치고 둘러방치다

짝! 하니 생장작 패듯 복장 터지는 소리라니.

*) 이문구 소설 '내 몸은 너무 오래 서 있거나 걸어왔다' 부분 패러디.

2

능소야, 능소

속울음
붉디붉게 퍼 올리는
능소凌霄야,
능소

애닯게 잉잉거리는
호박벌
늦은 젖 물리고

세상에!
눈먼 돌부처를
툭, 툭
깨운
저 능소야.

토란잎 물방울 마을의 아침

코끼리 귀 펄럭이는
곱게 늙은 토란잎은
젖은 제 무릎 감추려고
터억, 그리 넓은 것인데
또르르
전복된 물방울이
우주 한끝 굴린 것인데….

가다 앉아 하늘빛 품고
가다 앉아 속시름 덜고
이따금 천둥 번개에,
소름 돋는 몸서리에
또르르
힘겨운 물방울이
온몸 흔들 경련한다.

세상 한껏 치장하는
앵무새의 혀,
사자의 갈기도
이윽히 접고 난 뒤엔

한낱 삶의 가면인가?*
또르르
천수千手의 물방울이
토란잎 젖 물린다.

*) 송찬호의 시 '토란 잎' 변용.

슬픈 틀니

  1

몸이 당최 만연체여서
군말이나 섬긴 건지,
분외分外의 접미사를
날것 이냥 부린 건지
이 뭐꼬!
저작이 굼뜨고
잇몸 죄 헐었을라.

  2

삼킨 눈물 밥상머리
수사修辭 또한 부식되고
살 비늘 검불같이, 뚝뚝 지는 조사助辭같이
아하, 저
뻐·꾸·기·처·럼
딸꾹질하는 저녁에.

3

내 혀는, 그의 입 속에, 비굴하게 갇혀 있고*
사는 일 죄만 같아
들러붙은 치석인가.
바람 든
잇바디 사이
달각거리는 틀니.

*) 김선우의 시 '만약 내 혀가 입 속에 갇혀 있길 거부한다면' 일부 차용.

할미새야, 할미새야

　흙으로, 흙의 무게로 또아리 틀고 앉은 시간
　고향 풀숲에서 반짝이던 결 고운 윤이슬이여, 어쩌자고 머나먼 예까지 와 대끼고 부대끼는가. 밤새 벼린 칼끝보다 섬뜩한 그 억새의 세월,
　갈바람 굴핏집 울리는 죽비 소리 남기고.

　등이 허전하여 등 뒤에 야트막한 산을 두른다.
　빚더미 가장家長처럼 망연자실 누워 있는 앞산, 우부룩이 자란 시름 봄 삭정이 되었는가. 둥지 떠난 할미새야, 비 젖은 날개 접고 등걸잠 자는 할미새야. 앞내 뒷내 둘러봐도 끕끕한 어둠 밀려오고 밀려간다. 물을 불러 제 몸 기슭 불리는 강물, 귀동냥 다리품 팔아 남루 한 짐 지고 오는 저 강물아. 파릇파릇 핏줄 돋는 길섶마다 먹어도 먹어도 물리지 않는 밥풀꽃 꽃등 하나, 눈빛 형형한 꽃등 하나 달아 놓고
　물안개 거두어 가는 애벌구이해도 덩실 띄워 놓고….

해우소解憂所

 둥글 납작 부푼 가슴 육덕肉德 좋은 한 아낙이 절집 해우소 들어갔는데요.

 이리 옴쭉 저리 옴쭉 오금 조인 괄약근 풀어놓고 펑퍼짐한 둔부하며, 미어지게 풍만한 샅을 이냥 내맡기고, 애 끓고 태우는 속 시정市井 잡일 접어두고 쉿 쉿 쉬이 쉬를 거두고, 무덕무덕 덤턱스레 볼일 보다가 천야만야 낭떠러지 허구장천 아득한 저승길 해우소 밑바닥 내려다보는 순간 아 아악! 기겁하여 토사곽란 몸부림치는 서슬에 세상 오만 꽃이란 꽃은 화들짝, 화들짝 놀라 오종종한 입시울이 일시에 벙글어졌는데요,

 까르륵 배꼽 잡고 웃다 꽃이 저리 붉어졌대요.

상황과 인식 2
― 피카소의 '납골당'

가로등 희미한 불빛
우수에 찬 홍색 시대.
기름 먹은 캔버스의
기호학 도상圖像 위엔
살육의 참혹한 무대
예비하고 있었다.

파피에 콜레 기법의
가슴 섬뜩한 실제 상황.
작살 든 그 병사의
'안티브 밤낚시'처럼
우리네 검은 휘겡이
춤을 추고 날뛰었다.

타! 타타탕… 억장 무너진 그날 그 불의 거리.

너울너울 물결치듯 고꾸라진 생령들아. 치고 패고 할퀴어서, 직신작신 짓밟혀서, 청소차 상여 타고 이에 저에 끌려다닌, 꽃젖가슴 도려내진 풀빛 소녀 헌화가로 큐비즘 화면 속에 피의 역사 기록했나. 터럭발은 터럭발대로, 두개골은 두개골대로, 한 뼘 땅 잠들 곳 없이 사대四大 각각 흩어진 채 생채기진 혼백들 항간을 떠도는데

 납골당 차디찬 하늘, 유골들이 일어선다.

대치對峙와 현상학
― 로댕의 '칼레의 시민'

칭칭 감긴 포위망의
왕정王政을 대지르는,

벗을 것 다 벗어버린
가비야운 그 헐벗음

죽음의 인질로 나선
칼레의 시민들아.

손에 손을 깍지 낀
묵시의 언어였나.

끈적한 점액질 사랑,
연대의 여섯 사도使徒

맨발의 청동 조각이
다시 살아 숨 쉰다.

꽃의 변증법 1

쑥구렁, 가시덤불
핍박받은 이조의 땅

살도 뼈도 썩어 내린
주검의 굴헝에서

용하다
붉은피톨의
꽃대궁을 내밀고.

대둔산 깊은 골짝,
비바람 할퀸 자리

돈도 빽도 바이없는
더벅머리 상사화야,

그 누가 저지른 죄를
너를 빌어 참수하나.

엘니뇨*, 엘니뇨

들끓는 적도 부근 소용돌이 물기둥에
우우우 높새바람, 태평양이 범람한다.
엘니뇨 이상 기온이 내안 가득 밀린다.

날궂이 구름 덮인 심란한 나의 변방.
이름 모를 기압골이 상승하고 소멸하는…
엘니뇨 기상 이변이 거푸 밀어닥친다.

바닷가재, 온갖 패류, 숨이 찬 산호초에
우리 친구 물총새 끝내 세상 뜨는구나,
저마다 세간을 챙겨 부릉부릉 뜨는구나.

*) 이상 조류가 갑자기 밀려오는 기상 이변 현상.

해남 나들이

대흥사 장춘구곡
살얼음도 절로 녹아
마애여래상의 광배光背를 입고 서서
땟국을, 홍진紅塵 땟국을
헹궈내는 아낙들.

그 옛날 유형流刑의 땅 남도 끄트머리.
  백련동 외진 골짝 고산孤山 고택 녹우당의 겨우내 움츠린 목숨, 풀꽃 같은 백성들아. 직신작신 보리밭 밟듯 돌개바람 휩쓸고 간 동상의 뿌리에도
  무담시 발싸심하는 봄기별은 오는가.

개펄 가로지른 비릿한 저 해조음.
뱃머리 서성이는 털북숭이 어린 것의
소쿠리 크나큰 공간
산동백이 그득하다.

새물내 물씬 풍기는 파장의 저잣거리.
어물전 세발낙지, 관동 해우도 불티나고
텁텁한 뚝배기 술에 육자배기 신명 난다.

뜬금없는 소리 3

열은 끝이 있어두 아홉은 끝이 없는 수여.

하늘에서 가장 높은 디는 구민九旻이구, 땅에서 가장 높은 디는 구인九仞이구, 땅에서 가장 짚은 디는 구천九泉이여. 그 뭣이다 넓으나 넓은 하늘은 구만리장천九萬里長天이구, 넓디 넓은 땅덩이는 구산팔해九山八海이구, 나라에서 가장 큰 관가는 구중궁궐이구 말구. 또 있다니께. 가장 큰 민가는 구십구간이구, 집구석만 컸지 살림살이 쩨고 쪼들리면 구년지수九年之水이구. 그 땜시 수없이 태운 속은 구곡간장九曲肝腸이구, 수없이 죽다 살았으면 구사일생이구, 그렇게 수없이 넴긴 고비는 구절양장九折羊腸이구, 어찌어찌 셈평이 펴이어 두구두구 먹구 살 만치 장만해뒀으면 구년지축九年之蓄이구… 열버덤 많은 수가 아홉인 겨. 아홉은 무한량 무한대 무진장을 가리키는 수가 없는 수니께. 암, 암.

열버덤 열 배는 더 큰 수가 아홉이구 말구, 참말루!

*) 이문구 소설 '내 몸은 너무 오래 서 있거나 걸어왔다' 패러디.

3

천일염

가 이를까, 이를까 몰라
살도 뼈도 다 삭은 후엔

우리 손깍지 끼었던 그 바닷가
물안개 저리 피어오르는데

어느 날
절명 시 쓰듯
천일염이 될까 몰라.

중원, 시간 여행

몸 낮출수록 우람하게 다가서는 저 산빛

떡갈나무 숲 흔들고 오는 문자왕 그의 호령 중원 고구려 비 돌기둥 휘감아 도는데 들리는가, 산울림 우렁우렁 일렁이는 소리

찾찾찾찾자되찾자… 기차소리, 하늘의 소리.

가는 세월

노랑 메조 낱알 헤며 땅에서 하늘까지

한 번도 아니 아니고 백 번씩 채운 뒤에 한 마리 새가 천년에 낱알 하나씩 물고

세상을 몇백 바퀴씩 휘휘 돌고 돈다고 합니다.

해거름 바다 행전行傳

훌쩍 키를 넘겨버린 늙은 억새 숲 사이로
생살을 들어낸 갯벌, 파도의 문신 새기고
오늘의 마지막 빛이 한 뼘 한 뼘 이울고 있다.

야트막한 물길 짚고 자맥질하는 검은머리물떼새
헹가래 치는 물이랑이, 먼 해조음 실어 나르고
해종일 통성기도 하듯 개어귀 조약돌 닦고 있네.

곽곽한 속 다 풀지 못한 푸른 귀의 바닷물
꿈결처럼 생시처럼 바스러지는 물보라에
보란 듯 젖은 무릎을 슬몃 감추는 저녁 바다.

진창

꿀을 찾던 파리 한 마리 화! 벌통을 만났네.

"누가 나를 벌통 속에 들어갈 수 있게 해준다면 한 냥을 주겠소." 길 가던 한 노인이 한 냥 받고 파리를 꿀통에 밀어 넣었네. 주린 파리 벌꿀에 다리가 붙어 두 날개 퍼덕이며 펄쩍펄쩍 날뛰다, 역도산 근력으로 사지를 버둥거리다… "이건 꿀이 아니라 독약이야, 독약이야. 누가 나를 건져 준다면 두 냥을 드리겠소."

아무리, 아무리 외쳐도 꿀물 뻘밭은 더 깊어만 갔네.

산은 막막 비어 있었지

비렁뱅이 득시글했지, 옛 중국 아편굴엔

저녁 어스름 속에 티눈 같은 눈발 날리고 있었지. 몰락하는 길섶 한 켠 남루의 옷자락 펄럭거리고, 이따금 북극곰처럼 비렁뱅이 몸을 웅크리다 메마른 흙먼지 비질하고 있었지. 이에 저에 문전걸식 주발이며 헝겊 조각, 놋요강이며 가재도구 쇠푼 한 닢 바꿔 먹었지. 사위는 고요했지. 서걱거리는 억새 소리 밟으며 다가오는 썰렁한 죽음의 시간, 산은 막막 비어 있었지. 어둠이 모든 것을 먹어치우고, 허허 들판 먹어치우고, 울근불근 우적우적 동냥밥 먹어치우고, 흐무러진 뼈마디 옹근 살을 먹어치우고, 신갈나무 마른 산을 먹어치우고, 어둠이 어둠을 먹어치워 앞을 보면 막막 산과 텅 빈 하늘 뿐. 가슴살 반쯤 가린 늙은 비렁뱅이 철 지난 홑적삼도 어느 아편쟁이가 벗겨갔지. 햇귀의 순금 화살이 쉴 새 없이 땅 위로 쏟아져 내리고, 한 무더기 잿더미가 풀썩 맥 잃고 무너지듯 비렁뱅이 허물어졌지. 허물어진 비렁뱅이 벌거숭이는 대명천지 이른 아침 찌그러진 동냥 그릇, 귀 닳고 이 빠진 양은 식기로 푸르딩딩 시르죽은 거시기만, 거시기만 겨우 가린 채 누워 있었지. 어디선가 느닷없이 달려나온 젊은 비렁뱅이 거시기 가린 양은 밥그릇 냅다 벗겨 달아나다, 삼십육계 줄행랑치다 일순 토끼눈 하고 서서 앗, 아부지!

그 아비 쭈그렁 불알만 하늘다랗게 달랑달랑….

질라래비훨훨

별똥별 튀밥같이 어지러이 흩어질 때
어둑새벽 등 떠밀며 달려오는 먼 산줄기
풍경이 풍경을 포개어 굴렁쇠 굴려 간다.

자궁 훤히 드러낸 회임懷妊의 연못 하나
제각기 펼친 만큼 내려앉은 햇살 속으로
염소 떼 주인을 몰고 질라래비, 질라래비….

이 땅의 잔가지들 손잡고 살 비비는가.
질라래비훨훨, 질라래비훨훨, 활개 치는 풀빛 아이들
봄날도 향기로 와서 생금가루 흩뿌린다.

백악기 여행
— 우항리 공룡 발자국 화석에 관한 단상

물새 떼 날갯짓에는 하늘색 묻어난다.
중생대 큰고니도, 갈색 부리 익룡翼龍들도
후루룩 수면 박차고 날자날자 날자꾸나.

장막 걷듯 펼쳐지는 광막한 저 백악기 공원.
물벼룩 물장구치는 자욱한 안개 호수, 켜켜이 쌓아올린 색종이 뭉치 돌시루떡 저만큼 둘러놓고 은빛 비늘 아기공룡 젖은 둑방길 내달릴 때 웃자란 억새풀 뒤척이고 뒤척이고…. 분홍 발가락 물갈퀴새, 맨드라미빗 익룡 화석도 잠든 세월 걷어내고 두 활개 훨훨 비상을 채비한다.
1억 년 떠돌던 시간, 거기 머문 자리에서.

한반도 호령하던 그 공룡 어디 갔는가.
지축 뒤흔드는 거대한 발걸음 소리
앞산도 들었다 놓듯 우짖어라, 불의 울음.

저물면서 더 붉게 타는 저녁놀, 놀빛 바다.
우툴두툴 철갑 두른 폭군 도마뱀 왕인가. 파충류도 아닌 것이, 도롱뇽도 아닌 것이, 초식성 입맛 다시며 발 구른다 세찬 파도 밀고 온다. 검은 진동층 지질 아스라한 그곳,

결 고운 화산재·달무리·해조음 뒤섞이고 뒤섞여서 잠보다 긴 꿈꾸는 화석이 되는 것을, 별로 뜬 불가사리도 규화목硅化木 튼실한 줄기도 잠보다 긴 꿈꾸는 화석이 되는 것을…. 깨어나라, 깨어나라. 분홍 발가락 물갈퀴새, 맨드라미볏 익룡 화석도 잠든 세월 걷어내고 이 강물 저 강물 다 휩쓸어 물보라 치듯 물보라 치듯, 하늘색 풀어내는 힘찬 저 날갯짓!
  후루룩 수면 박차고 날자날자 날자꾸나.

땅끝

반도 끄트머리
땅끝이라 외진 골짝
뗏목처럼 떠다니는
전설의 돌섬에는
한 십 년
내리 가물면
불새가 날아온단다.

갈잎으로, 밤이슬로
사뿐 내린 섬의 새는
흰 갈기, 날개 돋은
한 마리 백마였다가
모래톱
은방석 위에
둥지 트는 인어였다.

상아질象牙質 큰 부리에
선지 빛 깃털 물고
햇살 무동 타고
미역 바람 길들여 오는,

잉걸불
발겨서 먹는
그 불새는 여자였다.

달무리
해조음
자갈자갈 속삭이다
십 년 가뭄 목마름의 피막 가르는 소리,
삼천 년에 한 번 피는
우담화 꽃 이울 듯
여자의
속 깊은 궁문宮門
날개 터는 소릴 냈다.

몇 날 며칠 앓던 바다
파도의 가리마 새로
죽은 도시 그물을 든
낯선 사내 이두박근…
기나긴
적요를 끌고
훠이, 훠이, 날아간 새여.

주몽의 하늘

그리움도 한시름도 발묵潑墨으로 번지는 시간
닷 되들이 동이만한 알을 열고 나온 주몽朱蒙
자다가 소스라친다, 서슬 푸른 살의殺意를 본다.

하늘도 저 바다도 붉게 물든 저녁답
 비루먹은 말 한 필, 비늘 돋은 강물 곤두세워 동부여 치욕의 마을 우발수를 떠난다. 영산강이나 압록강 가 궁벽한 어촌에 핀 버들꽃 같은 여인, 천제의 아들인가 웅신산 해모수와 아득한 세월만큼 깊고 농밀하게 사통한, 늙은 어부 하백河伯의 딸 버들꽃 아씨 유화여, 유화여. 태백산 앞발치 물살 급한 우발수의, 문이란 문짝마다 빗장 걸린 희디흰 적소謫所에서 대숲 바람소리 우렁우렁 들리는 밤 밤 오그리고 홀로 앉으면 잃어버린 족문 같은 별이 뜨는 곳, 어머니 유화가 갇힌 모략의 땅 우발수를 탈출한다.
 말갈기 가쁜 숨 돌려 멀리 남으로 내달린다.

아, 아, 앞을 가로막는 저 검푸른 강물.
 금개구리 얼굴의 금와왕 무리들 와 와 와 뒤쫓아 오고 막다른 벼랑에 선 천리 준마 발 구르는데, 말채찍 활등으로 검푸른 물을 치자 꿈인가 생시인가, 수천 년 적막을 가른 마른 천둥소리 천둥소리…. 문득 물결 위로 떠오른 무수한 물고기, 자라들, 손에 손을 깍지 끼고 어별다리 놓는다. 소용돌이 물굽이의 엄수를 건듯 건너 졸본천 비류수 언저리 오녀산성에 초막 짓고 도읍하고, 청룡 백호 주작 현무 사신도四神圖 포치布置하는, 광활한 북만北滿 대륙에 펼치는가 고구려의 새벽을….

둥 둥 둥 그 큰북소리 물안개 속에 풀어놓고.

아침 식탁

머나먼 남태평양 바닷바람 묻어 있는
육질 고운 참다랑어 배밑살도 놓인 식탁
우리네 잡식성 야망, 목젖을 자극한다.

성에 낀 저 창 밖은 바람 또한 흉흉하다.
입에 달던 푸성귀도 어느덧 씁쓰름하고
사는 일 젓가락질이 이리도 망설여지나.

산은 산들끼리 둘러앉아 호연지기 나누는가.
굴뚝새 내려앉은 영하 깊이 잠든 마을, 일출구日出口 잃은
사직의 아침을 더듬으면
아득한 박명의 하늘
성긴 눈발 내린다.

4

그날의 추상

계룡산
으늑한 골짜기
장작가마 불길 속

꽃도
날치도 아닌
검은 추상 무늬를 입고

치기가
뚝뚝 흐르는
막사발 하나 몸을 튼다.

빗살무늬 바람

섬진강 놀러 온 돌 은빛 비늘 반짝이고
드레스 입은 물고기 시리도록 푸르다.

강변 수은등이 젖은 눈 끔벅이고
구르는 갈잎 하나 스란치마 끄는 소리
바람도 빗살무늬로 그렇게 와 서성이고….

수심 깊은 세월의 강
훌쩍 건너온 한나절,
저 홀로 메아리 풀며
글썽이는 물빛들이
포구 죄 점령하고
이 가을 다 떠난 자리
격자格子 풍경 예비한다.

인터넷 유머 1
― IMF, 정축국치

 앞산도, 저 바다도 몸져누운 국가부도 위기.
 03 대통령 IMF 기사를 읽다가 임프! 임프가 뭐꼬? 묻는다. 경제수석 더듬거리며 국제통화기금이라는 것입니다. 03 대통령, 누고? 누가 국제전화 많이 써 나라 갱제를 이 지경으로 맹글었노? 도대체 이번 사태까지 오게 된 원인이 뭐꼬? 뭐꼬? 네네네 네, 여러 가지 있습니다만 종금사 부실 경영이…. 03 대통령 탁자를 내리치며 도대체 종금사가 어데 있는 절이고?
 이튿날 대중 대통령, 긴 한숨 내쉬며 언제 디카프리오(빚 갚으리오).

다비문 茶毘文

두 가닥 솔잎같이
해로할 푸른 연분

세상사 이내 속에
등을 잠시 받쳤단다.

그 가지 등걸에 맺혀
한 줌 흙의 풍화로.

이 목숨 더운 정기
끝끝내 불꽃인 걸

평생 두고 재우지 못할
서실腎失의 티 하나도

모래펄 달빛을 누벼
다 쓸었다 답하라.

차라리 숨이 겨워
혀끝 절로 내두르는

실오리 연기 자락
뼛가루 흩날릴 때

내 영혼 해가 이울면
어느 결에 머물까.

안부
— 어느 싸움터인가, 내 아우여

금낚시 드리우는 초승달 앞녘 강에
깎인 돌의 초연 냄새 피로 씻지 못한 자리,
어머님 품 안을 떠난 죄 구렁의 어린 양.

역한 바람 풀어헤쳐 철새 등에 띄운 안부
못다 푼 긴긴 설화 실꾸리로 감기는데
저 하늘 닫힌 문 밖에 벽을 노려 섰는가.

누다비아 산허린가 빗발치는 가시덤불
세계의 귀가 얽힌 불행의 수렁길에
거미줄, 거미줄 사이 겨냥하는 눈망울.

선불 맞은 짐승처럼 파닥이는 나비 죽지,
한 떨기 목숨 가누어 내젓는 기구의 손
그 무슨 깃발을 안고 너는 끝내 포복하나.

뒤틀린 사랑 타며 포효하는 나의 사병土兵
동남아 밤을 밝혀 무지개 지르는 날
떨리는 그 입술 모아 더운 김을 나누자.

꽃의 변증법 2

툭 툭 빠른 저 붓놀림
덧칠하는 가을 화판,
비늘 돋은 앞녘 강물
온갖 형용사로 넘실대고
극채색 감성 언어가
꽃잎 되어 고개 드네.

들쭉날쭉 달려오는
산등성이 등에 업고
변성기 수탉처럼
활개치던 풀빛 아이들,
세상사 이내 속으로
속절없이 가고 있네.

지난 철 허장성세도
두어 장 갈잎 야사로 남고
솔바람 카랑한 음성
다비문을 읽는 걸까,
우리네 골짜기 삶을
산그늘이 덮고 있네.

두 주정뱅이

고주망태 한 주정뱅이 들깨방정 참깨방정 떨다 말고

흰죽사발 눈 지릅뜨고 물통보리처럼 업혀가다, 시르죽은 물렁팥죽 친구 부축 받고 비트적거리는 또 다른 술꾼 보고 찍자를 부렸겠다. 가여운 주정뱅이 같으니, 자네도 두 잔만 더 마시면 나처럼 한껏 자유를 누릴 텐데…

한물간 시러베 짓을 냉큼 못 버리다니!

탐색 1

드억센 칼을 가는 저 바람 음험한 모사
〈웃음을 경제하는〉 파시 같은 바다의 장식도
다시금 악몽을 푸는 진종일의 자맥질.

일찍이 스산했던 일상의 노대露臺 밖은
서슬 푸른 파도덩이, 가슴 그 뻑뻑한 경련,
쟁취의 잇자국 새로 묻어나는 살점이다.

백련꽃 사설

얕은 바람에도 연잎은 코끼리 귀 펄럭이제.

연화차 자셔 보셨소? 요걸 보믄 참 기가 맥혀. 너른 접시에 연꽃이 쫙 펴 있제. 마실 땐 씨방에 뜨거운 물 자꾸 끼얹는 거여. 초파일 절에 가서 불상에 물 끼얹대끼. 하나 시켜 놓고 열 명도 마시고 그래, 그 향이 엄청나니께. 본디 홍련 허구는 거시기가 달라도 워느니 달러. 백련 잎은 묵어도 홍련 잎은 못 묵거든. 연근은 둘 다 묵지마는 맛이 영판 틀려. 떫고 단면이 눌눌한 것이 홍련이제. 백련 뿌리는 사각사각하고 단면도 하얘.

백련은, 진창에 발 묻고설랑 학의 날갤 펼치제.

*) 강신재의 '우리 마을 이야기(전남 무안군 일로읍 복룡 백련마을)' 패러디.

대흥사 속 빈 느티나무는

하 무더운 한여름 밤 네댓 아낙 놀러 나왔지.

 대흥사 피안교彼岸橋 밑 으늑한 개울가의, 말추렴 반지빠른 마흔 뒷줄 아낙들이 푸우 푸 멱을 감았지. 유선장 감고도는 가재 물목 돌팍 위에 웃통이며 속옷이며 훌훌 벗어 던져 놓고 멱 감았지, 멱을 감았어. 미어질 듯 풍만한 살이며 둔부 이리 움찔 저리 움찔, 출렁거리는 앞가슴을 홀라당 드러내고 멱을 감았지. 접시형 젖가슴에 원뿔꼴 유방하며 반구형 사랑의 종 감긴 달빛 풀어내고 물장구 첨벙첨벙 멱 감는 아낙네들 곁눈질하던 저 느티나무, 아니 볼 것 훔쳐다 본 자발없는 관음증 느티나무. 벌거숭이 여인네들 속살 몰래 보기 송구하여 아으! 타는 가슴 쓸어내리다, 천년토록 쓸어내리다,

 횅허니 도둑맞은 드키 속이 저리 비었대.

말

1

까치 뱃바닥 같은 소리 줄창 허덜들 말어.

누군들 주둥아리 읎어 호박씨 못 까나. 세상이 하도나 머흔 세상이라 주댕이 재갈 물려 놓구 이냥저냥 사는 게지. 가랫줄허구 통치마는 쩍 벌릴수록 좋다 카드만, 보리밥 먹구 쌀방구 꾸듯 조선 밥 먹구 서양 똥 싸듯 희떠운 소리 퉁명 부리는 시러베 농투성인 어딜 갔남? 이리 왈 저리 왈 턱짓 허다 흰죽사발 흘기눈 뜨구 떠름헌 낯 거두지 않구 엇먹는 소리 뒷동이나 달구 홍뚱거리는 쭉정이처럼 어푸러지게 잘해주구 올 적 갈 적 숭물 떠는 톱상스런 꼬라지 허며, 내동 딴전 보다 일이란 일 다 삐그려 놓구 찍자 붙는 꼬라지 허며, 낚시바늘 꼬부라진 소리 시시비비 씩둑거려쌓네.

왜 그리 입술이 얇은지, 입방정도 자발읎이.

2

낙엽은 가을바람 탓허지 않는 벱이여.

눈 뜬 채 자는 물고기는 잡어가 아니라 카드만. 구부러진 소낭구가 선산 지킨다 안 카든가. 젠장, 고름은 살이 되지 않는 벱이여. 참방게와 똥방게도 구별 못허는 세상 앙이가. 메뚜기 계蟹, 땅강아지 곡螯, 그리마 구蚨, 사마귀 당蠟, 쓰르라미 료蟟, 말매미 면蛔, 며루 명螟, 하루살이 몽蠓, 새우 미蝞, 풀쐐기 사蜇, 귀뚜라미 실蟋, 가재 오鰲, 왕개미 의蟥, 쥐며느리 이蚜, 벼룩 촉蠋, 풍뎅이 황蟥 같은 다족류多足類 곤충처럼 머릿속에 말 다리 득실거리구, 말갈기 곤두세운 발굽 소리 하염없이 꼼지락거리구. 아닌 척, 거룩한 척, 잘난 척, 조신한 척, 척 척 척 말 돌림 벌레 씹는 소리 소리마다 의뭉 떨구 둘러방 치구 되알지게 대꾸허다 심보가 죄 우그러져, 우그러져

말발이 뻐세지구 말구, 퉤 퉤 퉤 비참지경 앙이가?

5

그해 겨울 칸타빌레

백설기 눈가루가
팔한지옥八寒地獄 얼음 위에
켜켜이 포개져 있다.

빛 부스러기
내려앉은 호수 가에
금비늘 뒤척이고

휘굽은 다복솔 가지
오도송을 외고 있다.

으악!

산자락 괴고 숨 고를 때
매봉산이 기우뚱하네.

깨복쟁이* 저 지렁이
온몸 ∞∞ 뒤척이네.

갈 길 먼
내 이생을 감고
　∞∞ 뛰네,
으아악!

*) '발가벗은 사람'의 전라도 탯말.

뽀루지

　사는 일 굽잇길에 짚동 같은 화禍를 실어

　못다 지운 뽀루지의 앙금은 남아 앙금은 남아 밤이슬 맞은 먹감나무 트집 난 살결처럼, 삭을 대로 삭지 않은 먹감나무 변덕 부린 살갗처럼, 덜 아문 부스럼 자국 앙금은 남아 앙금은 남아

　내 아픈 흉터 감싸는 저 까치놀 붉게 탄다.

벽오동 그림자

굴참나무 마른 잎이 석양을 붙잡다 놓아준다.

접때 기러기 몰아온 바람이 여태 수수깡 울에 머물며 가랑잎 줍는 게 오늘 밤도 된서리가 하얗게 필 모양이다. 뜨락한 그루 벽오동 검은 그림자 섬돌을 베개 삼아 밤 깊은 소리 엿듣고, 오동 한두 잎새가 찬이슬 피해 내려 제 발등 덮는다. 저저금 저 살려고 토막 숨 연방 들이쉬며 놔도 한몫 들어도 한몫, 늘리고 보탠 것 없이 흥뚱거린 살림붙이 그냥저냥 떠밀려오는 하루가 육십 고개 넘어섰다. 가노라고 가다가 지분거리고 저기서 눈 속이고 여기서는 이냥 들켜버린 이승살이. 오온五蘊에 매여 연줄 끊지 못하고, 세상이 날 선 세상인데 풍경인들 여북하겠나?

지금은 목 쉰 풍경이 무심히, 무심히 운다.

*) 이문구 소설 '가을 소리' 부분 패러디.

어떤 예감

갈필로 문지른 듯 일획으로 포착한 동작

노란 달 물고 나는 까마귀 다섯 마리, 불길한 어떤 예감 농도 짙게 묻어난다. 빈센트 반 고흐의 '밀밭 위의 까마귀 떼'처럼 불길한 예감 시시각각 밀려온다.

까마귀 검은 두 눈에 노란 불을 달고 있다.

뜬금없는 소리 8

구만 허구,
그 뭣이여. 이쁜이계,
그거나 좀 일러봐.

이르나 마나, 이쁜이를 이쁘게 수술허자면 목돈이 드니께 아낙들은 계를 허구, 계를 타면 수술을 헌다 이거라. 수술이나 마나, 집이는 병원에서 애를 낳았으니께 상관 읎을 겨. 병원서 낳으면 그 자리에서 츠녀 때처럼 좁으장허게 꼬매주거던. 그런디 우리는 워디 그려? 두 애구 시 애구, 애마두 집에서 낳았으니 이쁜이가 헐렁이 다 되었지…. 헐렁해진 이쁜이를 오리주둥이 같은 걸루다 떡 벌여놓구 양말짝 뒤집듯 홀랑 뒤집어설랑 좁으장허게 꼬매는 겨. 아따 제미, 시물니물 묵은 홍어 밑구녕두 식초 한 방울 떨어뜨리면 오동보동해지듯이. 웨째서 암말 읎어? 툭 허면 나가 자구 온다구 바깥양반 구박헐 일이 아니라니께 그러네. 그 뭣이다, 이쁜이계가 산도産道를 초산 전 생김새대로 돌이켜 주는 봉합 수술계여.

어떤감?
이녘도 솔깃허는 겨?
가자미눈 뜨는 것이.

이어도 사나, 이어도 사나*

긴긴 세월 동안 섬은 늘 거기 있어 왔다. 그러나 섬을 본 사람은 아무도 없었다. 섬을 본 사람은 모두 섬으로 가 버렸기 때문이었다. 아무도 다시 섬을 떠나 돌아온 사람은 없었기 때문이었다.
― 이청준 소설 '이어도'에서 ―

지느러미 나풀거리는, 기력 풋풋한 아침 바다**
고기비늘 황금 알갱이 노역의 등짐 부려놓고
이어도, 이어도 사나. 이어도 사나, 이어 이어….

퉁방울눈 돌하루방 눈빛 저리 삼삼하고
꽃멀미 질펀한 그곳, 가멸진 유채꽃 한나절.

바람 불면 바람소리 속에, 바당 울면 바당 울음 속에
웅웅웅 신음 같은, 한숨 같은 노랫가락 이어도 사나 이어도 사나
아련히 바닷바람에 실려 오고 실려 가고.

다금바리 오분재기
이어도 사나, 이어도 사나
상한 그물 손질하며

급한 물길 물질하며
산호초 꽃덤불 넘어,
캄캄한 침묵 수렁을 넘어.

   자갈밭 그물코 새로 그 옛날 바닷바람 솨솨 지나가네.
   천리 남쪽 바당 밖에 꿈처럼 생시처럼 허옇게 솟은 피안의 섬, 제주 어부 노래로 노래로 굴러 온 세월 전설의 섬, 가본 사람 아무도 없이 눈에 밟히는 수수께끼 섬, 고된 이승 접고 나면 저승 복락 누리는 섬, 한번 보면 이내 가서 오지 않는, 영영 다시 오지 않는 섬이어라.
   이어도, 이어도 사나. 이어도 사나, 이어 이어….

   밀물 들면 수면 아래 뉘엿이 가라앉고
   썰물 때면 건듯 솟아 허우대 드러내는
   방어빛 파도 헤치며 두둥실 뜨는 섬이어라.

   마른 낙엽 몰고 가는 마파람 쌀쌀한 그해 겨울
   모슬포 바위 벼랑 울타리 없는 서역 천축 머나먼 길 아기작 걸음 비비닥질 수라의 바당 헤쳐 갈 때 물이랑 뒤척이며 꿈결에 떠오른 이어도 이어도, 수평선 훌쩍 건너 우화등선

넘어가 버리고
 섬 억새 굽은 산등성이 하얗게 물들였네.

  *) 제주 민요의 한 구절.
  **) 바다의 제주도 말.

개펄

전라도 막막한 골 땅끝 어느 외딴 섬은
날궂이 바람 불고 우 우 우 바다가 울면
함부로 보이지 않는 신기루로 떠오른단다.

세월도 뒷짐 지고 저만큼 물러선 자리
밀물에 부대껴서, 썰물 북새에 떠밀려서
유배지 무지렁이 땅에 뿌리 뽑힌 질경이다.

대명천지 밝은 날은 땡볕 외려 섬뜩해라.
 하늘 밑창 맞물린 저 수평선 이고 서서, 초라니 망둥이 새끼 3·4조로 헤갈대는, 진수렁 뻘땅 헤집는 따라지 민초民草들은 저마다 방패막이 울짱 같은 연막 친다.
 한평생 자맥질하는 천덕꾸러기 달랑게로.

'혼백상자 등에다 지곡
가슴 앞에 두렁박 차곡
한 손에 비창을 지곡
허위적허위적 들어간다'*

먼 데서, 가까이서 덩치 큰 해일 다가서고
외나무 상앗대로 죄구럭 식솔들 거느리는
소금기 쓰라린 생애, 파도타기 목숨을….

숨죽인 후유 소리 노을 속에 숨겨나 놓고
빈 시렁 장대 위에 달도 하나 받쳐나 두고
더러는 두둥실 솟는 신기루로 떠올라라.

*) 제주 해녀 노래의 한 대목.

사물놀이

북 장구 꽹과리에 징소리가 어우러진
앞마당 멍석 위에 둥 따닥 굿판 났다.
걸립패 사물놀이*에 달도 차서 출렁이는….

그냥 그 무명 적삼, 수더분한 매무새로
폭포수 쏟아놓다 바람 자듯 잦아드는,
신바람 자진모리에 애간장을 다 녹인다.

'둘하 노피곰 도드샤
어긔야 머리곰 비취오시라
어긔야 어강됴리
아으 다롱디리'**

얼마나 오랜 날을 움츠린 목숨인가.
관솔불도 흥에 겨워, 흥에 겨워 글썽이는
'어긔야 어강됴리
아으 다롱디리'

돌아라, 휘돌아라. 숨이 가쁜 종이 고깔.

　더러는 눈칫밥에 한뎃잠 설쳤기로, 논틀밭틀 한을 묻고 거리 죽음 뜬쇠***들아. 아픔의 응어리로 북을 때려 시름 푸는, 풍물잡이 시나위는 민초民草들 앙알대는 목소리다. 짓밟고 뭉갤수록 피가 절로 솟구치는, 투박한 그 외침은 뚝배기 태깔이다.

　앙가슴 풀어헤쳐서 열두 발 상모를 돌려라.

*) 우리 민속 타악기인 꽹과리·징·장구·북으로 이루어진 걸립패의 앉아서 치는 풍물 가락.
**) '둘하 노피곰…'은 '정읍사井邑詞'의 한 대목.
***) 풍물꾼 가운데 그 기능이 가장 뛰어난 명인.

뜬금없는 소리 10

 이녘은 가끔 혓바늘 슨다다 통고추 쩌개 붙이는 소리만 통통 허더라.

 뭣이나 마나, 그것두 아닌 게네. 워떤 이는 마름버덤 연밥이 낫다구두 허구, 워떤 이는 생선 내장이 구만이라구두 허데만, 하여거나 수캐 가운뎃다리만 비싸서 못해 봤지 웬만헌 건 죄 장복을 시켜봤는디두 원제 그랬더냐 허구 그냥 가물치 콧구녕이라. 알게 모르게 비암은 또 얼마나 잡으러 댕겼간디. 비암이나 마나 무슨 효과가 있구서 말이지. 누구네 압씨는 비암 마리나 먹구부텀 우뚝우뚝헌다는디, 그이는 두 말 허면 각설이지. 달아지구 대껴진 것두 다른 건 다 그런 개비다 혀두, 빙충맞은 홍어 거시기처럼 고개 숙여 축 늘어지구, 풀 꺾여 시르죽구, 히마리 읎이 흐늘흐늘 늘어진 꼬락서니라니…. 네미랄, 부르튼 소리도 남우세스러워서 원.

 그 숙맥 가물치 콧구녕을 쓰긴 워디다 쓴다나?

지노귀새남*
— 우리네 진혼무가

살강 밑에 씻긴 밥풀 움 돋거든 오마던가.

배곯아 젖배 곯아 털북숭이 어린 것의 혀 빼물고 죽은 귀신,
누더기 몸뚱어리 태산 같은 병을 실어 시집 장가 못 가본 채 무명 밭 다래처럼 허리 꺾인 몽달귀신,
동네방네 내돌리다 이 빠진 사발처럼 이놈저놈 오금 밑에 썩은새로 녹아내린 벌거숭이 각시귀신,
피붙이 살붙이 없는 흉흉한 홍진 세상 와석종신 못한 귀신,
붙일 데 얹힐 데 없이 어눌한 검불 꼴로 지게 밑에 치여 죽은 머슴살이 난발 귀신,
천연두 돌림병에 비루먹은 푸성귀 모양 약 못 쓰고 죽은 귀신,
살도 뼈도 추심 못한 산등성이 풍장으로 갈까마귀 부리 끝에 찢긴 고기잡이 늙다리 귀신,
스무사흘 가뭄처럼 제사 한 번 못 얻어먹은 비렁뱅이 꼽추 귀신,
까발린 역사마냥 무덤 자리 성치 못한 뗏장 밑에 웅크린 저 외톨박이 떠돌이 귀신,
궁하고 비천한 넋들 얼싸절싸 다 나오라.
파당 파쟁 아수라장 등 터져서 죽은 귀신,

풀뿌리 나무줄기 야금야금 갉아먹는 진딧물 모적蟊賊처럼 간에 붙어 쓸개에 붙어 단물 쓴물 말아 먹고 나자빠져 죽은 귀신,

배동 선 보리밭이랑 돌개바람 휩쓸 듯이 앰한 사람 해코지로 정을 맞아 죽은 귀신,

콩밭 매다 살모사에 물려 죽은 과부 귀신,

물 긷다 우물에 빠져 죽은 소저小姐 귀신,

엄동설한 얼음 구멍 빠져 죽은 홀아비 귀신,

염병 삼 년 땀 못 흘리고 죽은 귀신,

찰떡 먹다 급체하여 꽥꽥대다 죽은 귀신,

삼문 안에 끌려가서 태장 맞고 죽은 귀신,

삼복더위 헐떡증 만나 죽은 귀신,

된서방 빗장걸이에 복상사로 죽은 귀신,

남의 서방 끌어내다 대밭에 엎어져 죽은 귀신,

너구리 비상 먹듯 녹봉祿俸 냉큼 잘라먹고 똥구멍이 빠진 귀신,

혼魂은 데치고 백魄은 삶아 등신들아 다 나오라.

눈치코치 미처 몰라 함성의 와중에도 화살 피해 은신타가 철퇴 맞아 죽은 귀신,

아전한테 들볶여서 두엄 속에 피신하다 객사 죽음 선비 귀신,

쥐도 새도 모르게 물에 빠진 생쥐 모양 알지 못할 시궁창에 모로 누워 뒈진 귀신,

밭고랑 후미진 골짝 속 깊은 웅어리에 뼈마디 어혈 들어 깜부기로 시든 귀신,

앵돌아진 조가비 속 율법전서 미궁 속에 영영 갇혀 죽은 귀신,

항쇄족쇄 칼을 쓰고 살갗 옹이 박힌 귀신,

초례청 굿청 마당 날것 먹고 구워 먹다 낙형烙刑당해 죽은 귀신,

고대광실 주문 설주 돌쩌귀 들이받고 피 칠갑을 입은 귀신,

뜬소문에 나불대다 혀를 빼어 도리깨 치듯 치도곤을 맞은 귀신,

볼기 터진 나리 등쌀에 부은 감창 갈앉히고 방정떨다 주리틀린 남절양男絶陽* 고자 귀신,

소쩍새 귀뚜리에 한을 팔고 죽은 귀신, 하릴없이 죽은 귀신, 까닭 없이 죽은 귀신…

이적도 잠 못 들어 항간을 헤매는데,

그 누가 아픈 혼백을 거두어 수렴할꼬, 다 거두어 수렴할꼬.

*) 죽은 사람 혼령을 천도시키는 굿.
**) 다산 정약용의 시 '애절양哀絶陽'에 나오는 구절로 남자의 생식기를 자르는 일.

윤금초

연 보

1941년 음 6월 3일 전남 해남 화산면 부길리 갑길에서 태어남.

1963년 고3 때 조선대학교 주최 전국고등학생 문예콩쿠르에 소설「달무리 서다」가 입선.

1966년 서라벌예술대학 문예창작과 졸업. 공보부 신인예술상 시조부문 입상.

1967년 「내재율內在律」1·2·3으로 ≪시조문학≫ 3회 추천 완료.

1968년 「안부安否」로 동아일보 신춘문예 시조부문 당선. 그 해 2월 20일 김영신과 결혼. 2녀 1남(나라, 시내, 마루)을 둠.

1977년 윤금초 시집『어초문답漁樵問答』(지식산업사) 발행.

1978년 12월 조선일보 편집국 기자, ≪주간조선≫ 차장.

1980년 에세이집『갈봄여름 없이』(어문각) 발행.

1983년 박시교 이우걸 유재영과 함께 4인 시조집『네 사람의 얼굴』(문학과지성사) 펴냄. 이후 5판 발행.

1986년 2월「존재存在와 꿈」으로 정운 이영도시조문학상 수상.

1991년 제2회 민족시가대상 수상.

1992년 에세이집『가장 작은 것으로부터의 사랑』(신원문화사) 발행. 대산문화재단 창작기금(교보생명) 받음.

1993년 시조집 『해남 나들이』(민음사) 발행. 옴니버스시조 「주몽의 하늘」로 제12회 중앙일보 중앙시조대상 수상.

1995년 이우걸 시인과 함께 5인 시조 선집 『다섯 빛깔의 언어 풍경』(동학사) 엮음.

1998년 2월 28일 IMF 구조조정에 따라 19년 8개월 몸담은 조선일보 주간부 차장 우대퇴직. 시조창작 이론서 『시조 짓는 마을』(삶과꿈) 발행. 같은 해 12월 중앙일보 문화센터에 시조창작 교실 강의 개설.

1999년 고정국 오종문 이달균 이재창 전병희 홍성란 씨를 선정, 6인 시조선집 『갈잎 흔드는 여섯 악장 칸타타』(창작과비평사) 발행. 그 해 7월 조선일보사 방일영문화재단 저술·출판 지원금 받음. 같은 해 11월 25일 문학사상사 제정 제20회 가람시조문학상 수상.

2000년 경기대학교 한국·동양어문학부 겸임교수.

2001년 우리 시대 현대시조 100인선 『땅끝』(태학사) 발행. 11월 24일 이호우시조문학상 수상.

2002년 10월 11일 시조집 『땅끝』으로 제2회 고산문학대상 수상.

2003년 경기대학교 한국·동양어문학부 대우교수. 열린시학 정형시집① 『이어도 사나, 이어도 사나』(고요아침) 발행. 시조창작 실기론 『현대시조 쓰기』(새문사) 발행.

2004년 경기대학교 대우교수. 같은 해 9월 한국문화예술진흥원 지원으로 윤금초 사설 『주몽의 하늘』(문학수첩) 발행. 시조전문 교육기관 사단법인 민족시사관학교를 개설.

2004년 『한국시대사전韓國詩大事典』에 「땅끝」 외 30편 수록(을지출판공사).

2005년 경기대 겸임교수. 같은 해 8월 1~3일 한국문화예술원의 지원을 받아 사단법인 열린시조학회·민족시사관학교 주최 '신나는 예술여행' 행사 개최. 전남 영암 해남 진도 강진 완도 보길도 구례 지역의 사회복지관, 장애인 시설, 문화원을 순회하며 시조문학 강연, 자작시조 낭송, 시조문학 강좌, 우리 춤과 시조의 만남, 판소리 공연 등 행사를 펼침.

2006년 4월 15일 「그해 겨울 칸타빌레」 외 5편으로 현대불교문학상 수상. 한국문화예술위원회 선정, 「아직은 보리누름 아니 오고」 문예지 우수작. 그 해 8월 국무총리복권위원회 및 한국문화예술위원회 지원을 받아 사단법인 열린시조학회·민족시사관학교 주최 '2006 신나는 예술여행' 행사 개최. 전남 영암 해남 강진 완도 구례 등지의 사회복지관, 장애인 시설, 문화원 등 문화 소외지역을 순회하며 시조문학 강연, 자작시조 낭송, 시조문학 창작 강좌, 우리 춤과 시조의 만남, 판소리 공연 등의 행사를 펼침. 한국문화예술위원회 선정, 「벽오동 그림자」 문예지 우수작.

2007년 한국문화예술위원회 선정, 「산은 막막 비어 있었지」 3/4분기 문예지 우수작. 같은 해 7월 31일 한국문화예술위원회 지원을 받아 사단법인 열린시조학회·민족시사관학교 주최 '시조미학의 문학적 성취' 학술세미나. 학술자료집 『시조미학의 문학적 성취』 발행. 한국문화예술위원회 선정, 「떨켜」 2/4분기 문예지 우수작. 또한 11월 26일 문학과지성사 『한국문학선집』에 「땅끝」 외 3편 수록. 12월 21일 중앙일보 중앙시조대상·신인상 심사위원장. 그해 12월 윤금초 박영교 박기섭 이정환 제갈태일 이지엽 등과 '현대사설시조포럼'을 결성하고 그 회장을 맡음.

2008년 고산 윤선도 고택과 '고산유물관'이 들어서 있는 전남 해남군 해남읍 연동리 덕음산 자락에 '윤금초문학관'을 건립하기 위해 해남 윤씨 종손 윤형식과 '윤금초문학관 건립 부지사용 협약서'를 체결하고 '윤금초문학관' 건립 추진위원회를 발족. 4월 20일 한겨레작곡가협회, 열린시조학회·민족시사관학교 공동주최로 서울 세종체임버홀에서 시와 클래식이 어우러진 연주회 개최. 그 해 8월 1~3일 한국문화예술위원회 지원을 받아 전남 구례 화엄사에서 학술 세미나 '사설시조의 특성과 그 전망' 개최. 학술자료집 『사설시조의 특성과 그 전망』 발행.

2009년 2월 9일 시조전문 교육기관 사단법인 열린시조학회·민족시사관학교 회원들의 무크지 창간호 ≪해거름 바다 행전≫ 발행. 같은 해 2월 16일 '현대사설시조포럼' 첫 앤솔로지 『청동의 소리』 발행.

2010년 1월 25일 현대사설시조포럼 앤솔로지 2집 『들깨방정 참깨방정』 발행. 8월 20~21일 한국문화예술위원회 지원으로 전남 영광 한전문화회관에서 학술 세미나. 학술 자료집 『시조의 형식미학과 현대적 계승』 발행.

2011년 3월 31일 허영자 윤해규 시인과 함께 『한국시대사전韓國詩大事典』(이제이피북) 편저. 3월 16일 시집 『무슨 말 꿍쳐두었니?』(책만드는집) 발행. 그 해 3월 시조전문잡지 ≪시조시학≫ '시인연구' 특집에 「으악!」 등 대표작 10편, 「낮달 야사」 등 신작 5편 수록. 자전적 시론 「홍어 삼합의 경지」, 평론 「현대시조의 실험정신과 포용력(황치복)」 발표. 9월 2~3일 한국문화예술위원회 지원으로 학술 세미나 개최. 1차는 전남 해남문화예술회관에서, 2차(10월 8일)는 서울 예술가의집 다목적홀에서 가짐. 학술 자료집 『현대시조문학사 서술 가능한가』 발행.

2012년 1월 27일 문학과지성사에서 『네 사람의 노래』 발간. 윤금초 박시교 이우걸 유재영 시인이 참여하여 1983년에 엮은 『네 사람의 얼굴』 이후 29년 만에 다시 네 사람이 모여 『네 사람의 노래』를 펴냄. 4월 시전문지 ≪현대시학≫ 기획으로 '현대시조 사가시인四家詩人 사색담론四色談論 – 나의 시, 나의 시론'에 문학과지성사에서 펴낸 『네 사람의 노래』 저자 4인이 참여. 자선 대표 시 「능소야, 능소」 외 2편, 신작시 「큰기러기 필법」 외 1편 발표. 4월 14일 (재)만해사상실천선양회가 주관하고 만해문학아카데미가 주최한 우리시대 대표작가와의 만남 초대시인으로 참여. '문학은 살아있다 - 문학인이 갖춰야 할 덕목' 특별강연.

2012년 8월 4~5일(1차), 11월 2~3일(2차) 한국문화예술위원회 지원으로 학술 세미나 개최. '시조, 시의 경계를 넘다 - 그 형식을 다시 생각한다'를 주제로 1차는 경북 안동 지례예술촌에서, 2차는 전남 해남 문화예술회관에서 행사를 펼침. 11월 1일 '한국 정형시의 새로운 지평을 여는 시조 전문잡지'를 표방하는 ≪정형시학≫ 창간호를 펴내고 발행·편집인을 맡음. 그해 11월 21일 '문학의집·서울' 초청으로 '윤금초 문학의 뿌리' 특강.

2013년 3월 16일 「큰기러기 필법」으로 제3회 한국시조대상 수상. 수상작품집 『큰기러기 필법』(고요아침) 발행.

〖한국대표명시선100〗을 펴내며

한국 현대시 100년의 금자탑은 장엄하다. 오랜 역사와 더불어 꽃피워온 얼·말·글의 새벽을 열었고 외세의 침략으로 역경과 수난 속에서도 모국어의 활화산은 더욱 불길을 뿜어 세계문학 속에 한국시의 참모습을 드러내게 되었다.

이 나라는 글의 나라였고 이 겨레는 시의 겨레였다. 글로 사직을 지키고 시로 살림하며 노래로 산과 물을 감싸왔다. 오늘 높아져 가는 겨레의 위상과 자존의 바탕에도 모국어의 위대한 용암이 들끓고 있음이다.

이제 우리는 이 땅의 시인들이 척박한 시대를 피땀으로 경작해온 풍성한 시의 수확을 먼 미래의 자손들에게까지 누리고 살 양식으로 공급하는 곳간을 여는 일에 나서야 할 때임을 깨닫고 서두르는 것이다.

일찍이 만해는 「님의 침묵」으로 빼앗긴 나라를 되찾고 잃어가는 민족정신을 일으켜 세우는 밑거름으로 삼았으며 그 기룸의 뜻은 높은 뫼로 솟아오르고 너른 바다로 뻗어 나가고 있다.

만해가 시를 최초로 활자화한 것은 옥중시 「무궁화를 심고자」(《개벽》 27호 1922. 9)였다. 만해사상실천선양회는 그 아흔 돌을 맞아 만해의 시정신을 기리는 일의 하나로 '한국대표명시선100'을 펴내게 된 것이다.

이로써 시인들은 더욱 붓을 가다듬어 후세에 길이 남을 명편들을 낳는 일에 나서게 될 것이고, 이 겨레는 이 크나큰 모국어의 축복을 길이 가슴에 새겨나갈 것이다.

만해사상실천선양회

한국대표명시선100 | 윤금초

질라래비훨훨

1판1쇄 인쇄	2013년 7월 12일
1판1쇄 발행	2013년 7월 17일

지 은 이   윤금초
뽑 은 이   만해사상실천선양회
펴 낸 이   이창섭
펴 낸 곳   시인생각
등 록 번 호   제2012-000007호(2012.7.6)
주   소   경기도 양평군 옥천면 고읍로 164
             ㉾476-832
전   화   (031)955-4961
팩   스   (031)955-4960
홈 페 이 지   http://www.dhmunhak.com
이 메 일   lkb4000@hanmail.net

값 6,000원

ⓒ 윤금초, 2013

ISBN 978-89-98047-59-7 03810

* 저자와의 협의에 의하여 인지를 생략합니다.
* 이 책의 저작권은 저자와 시인생각에 있습니다.
* 잘못된 책은 책을 구입하신 서점에서 교환하여 드립니다.

※ 이 책은 만해사상실천선양회의 지원으로 간행되었습니다.